Spielerische Sprachförderung
im Kindergarten- und Grundschulalter

Wie Sie die Sprachkompetenz Ihres Kindes
Schritt für Schritt mit Spiel und
Spaß erhöhen

*inkl. den besten Tipps und Tricks bei einer
Sprachentwicklungsverzögerung*

Melanie Ruhe

Alle Ratschläge in diesem Buch wurden sorgfältig erwogen und geprüft. Eine Garantie kann dennoch nicht übernommen werden. Eine Haftung des Autors beziehungsweise des Verlags für jegliche Personen-, Sach- und Vermögensschäden ist daher ausgeschlossen.

INHALT

Das erwartet Sie in diesem Buch

Sprache ist viel mehr als ein einfaches Mittel zur Kommunikation.

Durch Sprache erschließen wir uns die Welt. Durch sie treten wir mit unseren Mitmenschen in Kontakt, eignen uns Wissen an und drücken Bedürfnisse aus. Die Entwicklung der Sprache ist für uns Menschen von großer Bedeutung.

Dennoch ist eine Störung in der Sprachentwicklung eine der häufigsten Entwicklungsstörungen im Kindesalter. Etwa jedes achte Kind in

Deutschland leidet an einer Sprachentwicklungsstörung.

Leider herrscht, trotz dieser hohen Zahlen, immer noch wenig öffentliches Bewusstsein über diese Art der Entwicklungsstörung.

Vielleicht haben Sie dieses Buch gekauft, weil Sie selbst Eltern eines Kindes sind, das große Schwierigkeiten in der Entwicklung der Sprache hat. Vielleicht haben Sie festgestellt, dass ihr Kind im Gegensatz zu anderen Kindern viel weniger oder schlechter spricht. Nun fragen Sie sich, ob das Sprachverhalten Ihres Kindes seinem Alter entspricht.

Vielleicht wurde bei Ihrem Kind bereits eine Sprachentwicklungsstörung diagnostiziert und Sie wissen nicht so recht, was Sie mit dieser Diagnose anfangen sollen. Vielleicht suchen Sie auch Anregungen, wie Sie den Spracherwerb Ihres Kindes bestmöglich unterstützen können. Egal, aus welchen Gründen Sie sich für den Kauf dieses Buches entschieden haben, Sie werden es nicht bereuen.

Auf den folgenden Seiten möchte ich Ihnen einen umfassenden Überblick über das Thema

Sprachentwicklungsstörung und die Aspekte einer spielerischen Sprachförderung bieten.

Unter anderem führe ich Ihnen den Spracherwerbsprozess von Kindern genau vor Augen und zeige Ihnen mögliche Symptome einer Sprachentwicklung auf. Außerdem lernen Sie die Ursachen und Behandlungen einer Sprachentwicklungsverzögerung kennen. Des Weiteren gehe ich in diesem Buch auf den Zusammenhang zwischen Bewegung und Sprache ein. Zum Ende dieses Buches möchte ich Ihnen praktische Tipps mit auf den Weg geben, wie Sie die Sprache Ihres Kindes spielerisch fördern können und die alltägliche Kommunikation durch kleine Veränderungen in den Verhaltensweisen verbessern.

Die Sprachentwicklung bei Kindern – ein Überblick

MEILENSTEINE DER SPRACHENTWICKLUNG

Die Entwicklung der Sprache kann bei jedem Kind unterschiedlich ablaufen. Einige Kinder lernen schneller – die anderen benötigen etwas mehr Zeit. Dies ist erst einmal normal und bietet keinen Grund zur Sorge.

Beeinflusst wird die Sprachentwicklung durch die Hirnreifung und die Intelligenz. Aber auch die sozioemotionale Entwicklung spielt beim Erwerb der Sprache eine große Rolle.

Innerhalb der Sprachentwicklung durchläuft das Kind unterschiedliche Phasen, sogenannte Meilensteine. Hierbei erlernt es immer mehr sprachliche Fähigkeiten und entwickelt seine Stimme weiter. Die ersten Entwicklungsphasen werden auch als vorsprachliche Entwicklungsphasen bezeichnet. Innerhalb dieser Zeit werden die Grundlagen des Sprechens gelegt, worauf dann die weitere Sprachentwicklung aufbaut.

Im Folgenden stelle ich Ihnen nun die einzelnen Meilensteine und ihre ungefähren Entwicklungszeiträume vor.

Pränatale Phase

Die Sprachentwicklung beginnt, lange bevor ein Kind die ersten Wörter spricht. Schon als Ungeborenes kann das Baby im Mutterleib Geräusche von außerhalb wahrnehmen. Es gewöhnt sich an die Stimme der Mutter und ist in der Lage, ihre Stimme von anderen Stimmen und Geräuschen zu unterscheiden. Außerdem zieht das Baby menschliche Stimmen anderen Geräuschen in seiner Umgebung vor.

1. – 3. Monat

Schon direkt nach der Geburt erwirbt das Baby viele Fähigkeiten, die als Grundlage der Sprachentwicklung dienen. Dies fällt zu Beginn schwer auf, da das Baby nach der Geburt nur wenig aufmerksam und zugewandt ist. Die meiste Zeit ist es mit Schlafen beschäftigt. Dies liegt daran, dass das Baby sich erst einmal an seine neue Umgebung gewöhnen muss.

Dennoch nimmt es auch in dieser Zeit seine Umgebungsgeräusche schon aufmerksam wahr. Außerdem beobachtet es Mundbewegungen genau und tritt durch Schreien in Interaktion mit seinen Mitmenschen.

Das Schreien trainiert zum einen die Stimmbänder des Babys und bereitet diese so auf das spätere Sprechen vor, zum anderen äußert das Baby durch das Schreien seine Bedürfnisse.

Schon nach kurzer Zeit stellt es einen Zusammenhang mit seinem Schreien und den darauffolgenden Reaktionen seiner Mitmenschen fest. So lernt es bereits Kommunikation, indem es durch Schreien den Eltern seine Bedürfnisse vermittelt.

3. – 6. Monat

Mit dem Beginn des dritten Monats sollte sich das Baby immer aufmerksamer und ausdauernder seiner Umwelt widmen.

Ein wichtiger Aspekt in dieser Phase ist die Entwicklung des sozialen Lächelns innerhalb des ersten halben Jahres. Damit ist gemeint, dass das Kind mit einem Lächeln auf seine Umgebung, z. B. auf andere Personen, reagiert.
Außerdem kann das Baby nun nicht mehr nur Schreien; es kann sich nun auch durch andere Laute, wie beispielsweise Gurren, Brabbeln, Quietschen, Lallen und Jauchzen äußern. Diese Phase wird als erste Lallphase beschrieben. Es wird vermutet, dass diese Phase ein Teil der angeborenen Sprachentwicklung darstellt, da jedes Baby, egal, welcher Herkunft, die erste Lallphase durchläuft. Sogar taube Babys beginnen in dieser Zeit zu lallen.

Durch die unterschiedlichen und neuen Lautäußerungen probiert das Baby Stimme und Atmung aus und nimmt dadurch Empfindungen im Rachen- und Mundraum wahr. Im Laufe dieser Phase reagiert das Kind nun auf Ansprache und kann schon mit Ende des 6. Monats seinen eigenen Namen verstehen.

6. – 10. Monat

In dieser Zeit entwickelt sich die zweite Lallphase des Babys. Diese Phase äußert sich dadurch, dass das Kind erste Silben aneinanderreiht und somit Laute, wie beispielsweise „Bababa", bildet. In dieser Phase entwickelt das Kind ein erstes Sprachverständnis.

Die Lautbildung erfolgt nun nicht mehr durch Berührungsempfindungen im Mund-Rachenbereich, sondern aufgrund von Anregungen seiner Umwelt. Nun üben die Kinder das Nachahmen von Lauten. Außerdem können sie erste Namen von bekannten Gegenständen verstehen. Die zweite Lallphase sollte noch vor dem ersten Geburtstag abgeschlossen werden. Bei tauben Kindern oder Kindern mit Hörschwierigkeiten entfällt die zweite Lallphase vollständig.

Zudem kann man feststellen, dass diese Kinder ab dem 7. Monat die Produktion von Lauten wieder einstellen. Dies geschieht, da Kinder mit Hörschwierigkeiten die eigenen Laute und die ihres Umfeldes nicht wahrnehmen und so keine

Interaktion durch Laute entstehen kann.

10. – 12. Monat

Innerhalb dieses Zeitraumes reiht das Kleinkind immer mehr Silben aneinander und bildet sogenannte Silbenketten. Meistens spricht das Kind innerhalb dieser Zeit sein erstes Wort. Zu Beginn kann es den Lautverbindungen, wie beispielsweise „Mama", noch keine Bedeutung beimessen. Aber durch die erfreuten Reaktionen innerhalb seines Umfeldes erkennt das Kind mit der Zeit einen Zusammenhang zwischen bestimmten Lauten und dazugehörigen Reaktionen. Das Kind beginnt somit, die Bedeutung einzelner Wörter zu verstehen.

Bei der Entwicklung dieser Erkenntnis ist es wichtig, dass man als Elternteil seine Freude zeigt und das Kind lobt, wenn es einen Laut äußert, der sich wie ein Wort anhört. Das Kind wird das Wort immer häufiger wiederholen, um die Freude des Erwachsenen zu erleben.

Mit der Äußerung des ersten Wortes ist die vorsprachliche Entwicklung abgeschlossen.

Keinen Grund zur Unruhe, wenn Ihr Kind an seinem 1. Geburtstag noch kein Wort sprechen kann. Das Erreichen dieses Meilensteins ist sehr variabel und von Kind zu Kind völlig individuell. Grundsätzlich sollte Ihr Kind zwischen 7 – 18 Monaten sein erstes Wort sprechen.

1 – 1,5 Jahre

In dieser Phase entwickelt das Kind ungefähr 5 – 10 neue Wörter. Häufig werden diese noch in der sogenannten „Kindersprache" gesprochen. Damit ist gemeint, dass das Kind die Wörter noch stark vereinfacht, wie beispielsweise „Piep-piep" für Vogel. Häufig werden Begriffe von den Kindern auch erweitert.

Damit ist gemeint, dass das Kind für ein Wort mehrere Bedeutungen findet. Mit Piep-piep ist nun also nicht nur der Vogel, sondern auch die Katze oder der Hund gemeint. Diese Benennungsfehler sind normal und rühren daher, dass dem Kind nur eine eingeschränkte Anzahl an Wörtern zur Verfügung steht, da es zu diesem Zeitpunkt noch nicht mehr Wörter kennt.

Außerdem kann das Kind nun Mimik und Gestik

deuten und Verbote verstehen. Häufig können Kinder in dieser Phase schon in Einwortsätzen sprechen.

1,5 – 2 Jahre

Nun lernt das Kind immer schneller, neue Wörter zu sprechen. Mit dem zweiten Lebensjahr sollte der Wortschatz eines Kindes zwischen 50 und 450 Wörtern liegen, die es selbstständig im Alltag gebraucht.

Allerdings variiert die Anzahl der Wörter je nach Kind stark. Mindestens sollte das Kind allerdings die 50 Wortmarke erreicht haben. Zum Wortschatz der Kinder zählen auch stark vereinfachte Wörter (z. B. Wauwau) oder falsch ausgesprochene Wörter.

Außerdem kann das Kind nun Wörter aneinanderreihen und einfache Sätze bilden. Neben Substantiven nutzt es nun auch Verben und Adjektive. Diese formt das Kind allerdings noch nicht um zeitlich um, z. B. sagt es „Oma besuchen" anstatt „Ich habe Oma besucht". Auch Possessivpronomen gehören nun zu seinem Wortschatz. Außerdem bildet das Kind nun zunehmend die Mehrzahl von Gegenständen.

In dieser Phase kann das Kind besser verstehen, als es selbst sprechen kann.

Durch das Auslassen und Ersetzen von Wortteilen oder schweren Buchstaben ist die Sprache des Kindes für Außenstehende noch schwer zu verstehen. Hauptsächlich wird es von seinen Bezugspersonen verstanden.

Zum Ende dieser Phase entwickelt sich auch das Fragen. Das Kind möchte seine Umwelt kennenlernen und fragt den Erwachsenen über alles Mögliche aus. Allerdings kann das Kind noch keine Fragepronomen nutzen. Es fragt stattdessen mit der Wortkombination „Das da?" Diese Zeit wird auch als erstes Fragealter bezeichnet.

2 – 2,5 Jahre

In diesem Alter entwickeln sich die Zwei-Wort-Sätze zu ungeformten Mehrwortsätzen. Das Kind kann zwar noch keine grammatischen Regeln anwenden, es versteht aber, dass es bestimmte Wörter an einen Satz anpassen muss. Auch, wenn ihm dies häufig noch nicht richtig gelingt. Beispielsweise sagt es nicht mehr „Klein Katze", sondern „Kleine Katze" oder „Kleines Katze". Zudem erfindet das Kind neue Wörter für Gegenstände.

Teilweise können einige Kinder bereits über sich selbst als „Ich" sprechen. Andere wenden ihren eigenen Vornamen an.

Das Kind kann nun die meisten Sätze verstehen, wenn diese einfach formuliert sind. Meistens spricht es selbst auch schon viel deutlicher.

2,5 – 3 Jahre

In diesem Alter erwirbt das Kind die Fragewörter. Aus diesem Grund wird diese Zeit auch das zweite Fragealter genannt. Durch das vermehrte Fragen erweitert das Kind sein Wissen über seine Umgebung. Sein Wortschatz wächst. Nun erlernt das Kind auch die Bildung der letzten Laute, die sogenannten Rachenlaute. Darunter fallen R, Ch, G, K.

Das Sprachverständnis des Kindes ist fast vollständig entwickelt. Nur mit kleinen Abstufungen wie „groß", „größer" hat es manchmal noch Schwierigkeiten. Auch das Verstehen von komplexen Sätzen gestaltet sich häufig noch als schwierig. Das Kind kann kurze Sätze korrekt sprechen und die Aussprache des Kindes ist nun auch für Außenstehende gut zu verstehen. Das

Kind beginnt, Nebensätze mit Hauptsätzen zu verbinden, indem es „und, oder, aber" nutzt.

Teilweise hat das Kind noch Schwierigkeiten beim Bilden von Zischlauten, was aber für dieses Alter nichts Ungewöhnliches darstellt.

3 – 3,5 Jahre

Auch weiterhin befindet sich das Kind im sogenannten „Fragealter". Es erwirbt immer mehr Wissen und verfügt über einen stetig wachsenden Wortschatz. Einige Kinder beginnen in diesem Alter zu stottern. Die Ursache hierfür ist, dass das Kind schneller sprechen möchte, als es die Sätze selbst im Kopf planen kann. Dies ist normal, solange dieses Stottern nicht länger als ein halbes Jahr andauert.

Das Kind sollte nun alle Sprachlaute erworben haben. Falls bei der Bildung von Zischlauten sowie Anlauten noch Schwierigkeiten bestehen, ist dies keine Katastrophe, sollte bei längerem Anhalten aber logopädisch abgeklärt werden.

Auch der korrekte Satzbau von komplexen Sätzen verbessert sich stetig. Zudem verfügt das Kind nun über eine Vorstellung von Zeit (morgen, heute, gestern) und möchte diese

Zeitformen in Sätzen anwenden. Dieses gelingt dem Kind aber noch nicht immer richtig.

4 – 6 Jahre

Mit dem Alter von 4 Jahren kann das Kind ca. 1500 Wörter benutzen. Es kann fließend Sprechen und Gehörtes nacherzählen. Es ist in der Lage, Erlebnisse zusammenhängend oder unabhängig voneinander zu berichten. Zudem kann das Kind alles Gesprochene verstehen. Ab einem Alter von 6 Jahren spricht das Kind grammatisch fehlerfrei. Es verfügt ungefähr über einen Wortschatz von 5000 Wörtern. Aber damit ist die Entwicklung des Wortschatzes nicht abgeschlossen. Der Wortschatz entwickelt sich auch weiterhin.

Zu Beginn der Einschulung sollte das Kind alle Sprachlaute und Lautverbindungen korrekt anwenden können.

WAS SIND DIE VORAUSSETZUN- GEN EINER OPTIMALEN SPRACHENTWICKLUNG?

Für den Erwerb der Sprache und die weitere Sprachentwicklung müssen verschiedene Voraussetzungen erfüllt sein.

Zum einen muss das Baby die biologischen Voraussetzungen für einen Spracherwerb mitbringen. Dazu zählt, dass das Baby über eine intakte Sinnesleistung verfügt. Das Kind sollte Sehen, Tasten und vor allem Hören können.

Aber auch eine ausgereifte Körpermotorik (Grob- und Feinmotorik) und Mundmotorik sind wichtige Aspekte, damit das Sprechen erlernt werden kann. Zudem sollte es über eine intakte geistige Entwicklung und allgemeine Lernfähigkeit verfügen und Interesse an Kommunikation aufweisen.

Damit das Kind diese Fähigkeiten entfalten und bewusst einsetzen kann, bedarf es der Interaktion mit seiner Umwelt. Dies ist eine weitere wichtige Voraussetzung für den Erwerb der Sprache. Denn durch den Input von außen wird der Sprachmechanismus des Babys angeregt.

Dies geschieht unter anderem durch sprach-förderndes Verhalten und eine liebevolle Umge-bung.

Bereits in den ersten Lebensmonaten ist es enorm wichtig, als Eltern auf die Kommunika-tion Ihres Babys einzugehen. Babys kommuni-zieren immer. Dies geschieht, indem es Ihnen durch Schreien, Weinen, Lautbildungen oder das Zeigen mit dem Finger Signale sendet.

Als Elternteil ist es wichtig, auf diese Art der Kommunikation einzugehen und die Aufmerk-samkeit darauf zu richten. Greifen Sie die Kom-munikation Ihres Babys auf und erhalten Sie diese aufrecht. Dies geschieht, indem Sie auf Laute durch Mimik z. B. ein Lächeln reagieren oder die gesprochenen Laute spiegeln und mit Wörtern erweitern. So entwickelt sich allmäh-lich eine Kommunikation zwischen Ihnen und Ihrem Baby. Wenn Sie nicht auf die Signale Ihres Babys eingehen, wird dieses irgendwann resig-nieren, was weitreichende, negative Folgen für die Entwicklung der Sprach Ihres Kindes mit sich bringt.

Vermeiden Sie außerdem, während der

Kommunikation mit Ihrem Kind häufiges Ablenken durch z. B. das Gucken auf das Handy. Hierdurch wird die Kommunikation zwischen Ihnen und dem Kind unterbrochen. Dieses wirkt sich negativ auf den Spracherwerb, aber auch auf die Aufmerksamkeit und Konzentration Ihres Kindes und die Eltern-Kind-Beziehung aus.

WER BENÖTIGT SPRACHFÖRDERUNG?

Um sich mit dieser Fragestellung zu befassen, ist es zu Beginn erst einmal wichtig, dass Sie den Unterschied zwischen zwei Begriffen kennenlernen – Sprachbildung und Sprachförderung. Diese beiden Begriffe werden in der Praxis häufig als Synonym verwendet, haben aber eine ganz unterschiedliche Bedeutung.

Unter Sprachförderung versteht sich eine gezielte Förderung der Sprache bei Kindern, die im Erwerb der Sprache Defizite aufweisen. Die Sprachförderung bezieht sich also auf einzelne Kinder, die eine größere Schwierigkeit haben, die Sprache zu lernen und aus diesem Grund einen erhöhten Unterstützungsbedarf haben. Dies ist z. B. bei Kindern mit einer Sprachentwicklungsverzögerung der Fall.

Die Sprachbildung, auch alltagsintegrierte Sprachbildung genannt, bezieht sich hingegen auf die Gesamtheit der Kinder. Darunter versteht sich die Förderung des allgemeinen Spracherwerbs aller Kinder im Alltag, durch z. B. Vorbildverhalten und Spiel.

Alltagsintegrierte Sprachbildung wird angewendet, um einer möglichen Sprachentwicklungsverzögerung vorzubeugen. Sie kann aber auch bei Kindern angewandt werden, die bereits unter einer Sprachentwicklungsverzögerung leiden, denn die Unterstützung der Sprachbildung ist nie verkehrt. Dennoch sollten sprachentwicklungsgestörte Kinder neben der alltagsintegrierten Sprachbildung auch gezielte Sprachförderung bekommen, die individuell auf ihre Schwächen abgestimmt ist.

Für Kinder ohne Sprachentwicklungsschwierigkeiten hingegen ist die Sprachförderung nicht von großem Nutzen, da sie über keine Schwächen verfügen, die gezielt gefördert werden müssen. Dennoch benötigen sie Unterstützung bei der allgemeinen Sprachbildung.

Sprachförderung benötigen also Kinder, die unter einer Sprachentwicklungsverzögerung leiden und einen erhöhten Unterstützungsbedarf beim Lernen einer Sprache aufweisen.

Häufig haben auch Kinder, die mehrsprachig aufwachsen, im Erwerb der Sprache Schwierigkeiten. Dieses lässt sich damit erklären, dass diese Kinder oft aufgrund von anders sprechendem familiärem Umfeld weniger Gelegenheiten haben, die hierzulande deutsche Sprache zu hören und zu sprechen.

Allerdings benötigen nicht alle Kinder, die mehrsprachig aufwachsen, automatisch Sprachförderung. Viele Kinder lernen auch ohne Probleme mehrere Sprachen ohne Verzögerungen. Hier sollte man individuell beobachten, ob ein Kind Unterstützung beim Spracherwerb benötigt oder nicht.

Sprachentwick-lungsstörung

WAS SINDSPRACHENTWICK-LUNGSSTÖRUNGEN?

Kinder können unter den unterschied-lichsten Sprachstörungen leiden. Hierzu zählen unter anderem der elektive Mutismus (Kinder sind in den unterschiedlichsten Situationen unfähig zu sprechen, obwohl sie die Fähigkeit dafür besitzen), das Stottern (Wiederholungen von Lauten, Silben, Wörtern) sowie das Poltern (Verschmelzungen von Lauten und Silben, Ersetzung von Lauten). Diese Sprachstörungen zählen zu den emotionalen und Verhaltensstörungen.

Aber die am häufigsten auftretende Sprachstörung ist die Sprachentwicklungsstörung. Sie zählt in den Bereich der Entwicklungsstörungen.

Von einer Sprachentwicklungsstörung sind die meisten Kinder im Kindergartenalter bis hin zum Grundschulalter betroffen. Kinder, die an einer Sprachentwicklungsstörung leiden, weisen Schwierigkeiten in den Bereichen Sprachbildung, Sprachproduktion und Sprachverständnis auf. Probleme können in einzelnen aber auch in allen Bereichen auftreten.

Sprachentwicklungsstörungen lassen sich in primäre und sekundäre Sprachentwicklungsstörung aufteilen. Bei einer primären Sprachentwicklungsstörung (kurz SES) ist allein der Bereich der Sprache unterentwickelt. In allen anderen Fähigkeiten (körperlich und geistig) ist das Kind altersgemäß entwickelt. Bei der sekundären Sprachentwicklungsstörung (kurz SSES) treten neben der Sprache auch Entwicklungsverzögerungen in anderen Körperbereichen auf.

In diesem Buch ist hauptsächlich von der primären Sprachentwicklungsstörung die Rede.

Im Groben lässt sich die Sprachentwicklungsstörung in drei unterschiedliche Formen
einteilen:

Eine davon ist die expressive Sprachstörung. Bei
dieser Art der Sprachstörung verfügt das Kind
nur über einen geringen aktiven Wortschatz.
Dies bedeutet, dass das Kind beim Sprechen nur
wenige, immer gleiche Wörter nutzt. Das
Sprachverständnis ist bei diesen Kindern nicht
eingeschränkt. Allerdings zeigen sich neben
dem geringen Wortschatz auch Defizite im
sprachlichen Ausdruck.

Eine weitere Art der Sprachentwicklungsstörung ist die Artikulationsstörung. Kinder, die
unter dieser Form der Sprachstörung leiden, haben große Schwierigkeiten im Bilden von Lauten. Durch falsches Verbinden einzelner Laute,
das falsche Aussprechen und das Bilden von
vermehrten Zischlauten ist die Sprache dieser
Kinder nur schwer verständlich.

Die dritte Art der Sprachentwicklungsstörung ist die rezeptive Sprachstörung: Bei dieser
Art der Sprachstörung ist das Sprachverständnis eingeschränkt. Kinder haben große

Probleme, das Gesprochene ihres Gegenübers zu verstehen, da ihnen die Bedeutungen der Wörter unbekannt sind. Häufig vermischt sich diese Sprachstörung mit der expressiven Sprachstörung und der Artikulationsstörung.

Von einer gestörten Sprachentwicklung geht man aus, wenn die Meilensteine nicht erreicht werden und die altersgemäße Sprachfähigkeit um wenigstens 6 Monate verzögert ist.

WIE ERKENNE ICH EINE SPRACHENTWICKLUNGSSTÖRUNG BEI MEINEM KIND?

Je nachdem, wie alt Ihr Kind ist, gibt es unterschiedliche Anzeichen für eine Sprachentwicklungsstörung. Diese sind im Folgenden für Sie aufgelistet. Bitte berücksichtigen Sie die Meilensteine der Sprachentwicklung, wenn Sie bei Ihrem Kind eines oder mehrere Anzeichen feststellen.

1. Ein später Beginn des Sprechens und ein

langsamer Erwerb der Sprache (siehe Meilensteine der Sprachentwicklung): Dieses erkennen Sie zum einen an einer geringen Ausbildung der Lallphase Ihres Babys, zum anderen sprechen Kinder, die Schwierigkeiten mit der Sprachentwicklung haben, ihre ersten Worte erst ab einem Alter von etwa zwei Jahren. Ab drei Jahren beginnen sie mit dem Sprechen von Zwei-Wort-Sätzen.

2. Ein eingeschränkter Wortschatz: Kinder, die mit zwei Jahren weniger als 50 Wörter selbstständig sprechen, verfügen über einen eingeschränkten Wortschatz. Hierzu zählt nicht das Nachsprechen, sondern das eigenständige Anwenden von Wörtern im Alltag des Kindes. Spricht Ihr Kind Wörter nur nach und wendet sie nicht eigenständig an, könnte man dahinter schon eine Sprachentwicklungsstörung vermuten.

3. Ihr Kinder zeigt nur auf Dinge, anstatt sie zu benennen. Auch dieses deutet auf einen eingeschränkten Wortschatz, aber auch auf

Schwierigkeiten der Fähigkeiten zu kommunizieren hin.

4. Die Aussprache Ihres Kindes ist nur schwer verständlich: Hierbei hat Ihr Kind Schwierigkeiten, einen oder mehrere Laute korrekt auszusprechen. Das erkennen Sie daran, dass Ihr Kind die schwierigen Laute einfach aus dem Wort weglässt oder den schwierigen Laut durch einen anderen ersetzt. Die meisten Laute, die für Kinder schwer auszusprechen sind, sind K, S, Sch, Z, R, Ch.

Spätestens bis zum 5. Lebensjahr sollte das Kind alle Laute kennen und korrekt anwenden können.

5. Der Satzbau und die Grammatik sind falsch. Dieses können Sie daran erkennen, dass Ihr Kind Satzteile durcheinanderbringt, es besteht also eine falsche Reihenfolge der Wörter im Satz. Häufig steht das Verb am Ende eines Satzes. Zudem lassen Kinder mit Schwierigkeiten im Satzbau und der Grammatik auch Wörter oder Satzteile eines Satzes aus. Des Weiteren

haben diese Kinder Schwierigkeiten, passende Wortendungen anzuwenden, beispielsweise „Du lachen schön", aber auch die Bildung von falschen Mehrzahlen oder Vergangenheitsformen fällt schnell auf.

6. Das Sprachverständnis ist eingeschränkt. Dieses führt häufig zu Missverständnissen zwischen Eltern und Kind. Eine Sprachverständnisstörung kann sich auf Wortebene, Satzebene oder auf einen zusammenhängenden Text beziehen.

Erkennen können Sie es daran, dass Ihr Kind das Wort zwar versteht, aber ihm keine richtige Bedeutung beimessen kann. Je nach Entwicklungsstand kann es sich hierbei um den Alltagswortschatz oder um wenig gehörte, dem Kind fremde Wörter handeln. Diese Kinder haben zudem Schwierigkeiten darin, ähnlich klingende Wörter auseinanderzuhalten. Auf Satz-/ und Textebene zeigen sich Sprachverständnisstörungen daran, dass das Kind bekannte Wörter im Satz zusammenhängend nicht verstehen kann.

Häufig ist dies bei komplexeren Sätzen mit mehreren Informationen zu erkennen. Hier kann das Kind dann nur eine geringe Anzahl der Informationen dieses Satzes verarbeiten. Das Resultat: Es füllt nur einen Teil der Aufgabe aus.

Diese ganzen Anzeichen lassen allerdings nur vermuten, dass es sich um eine Sprachentwicklungsstörung handelt.

Sprachprobleme bahnen sich meist ab einem Alter zwischen zwei und drei Jahren an. In diesem Alter ist es schwierig, eine Sprachentwicklungsstörung zu diagnostizieren.

Es kann sich bei den Kindern in diesem Alter auch um Kinder handeln, die etwas länger brauchen, um Sprechen zu lernen, sogenannte „Late Talker". Diese Kinder sprechen mit einem Jahr weniger als 50 Wörter. Einige Kinder holen diese Wortdifferenz allerdings bis zum dritten Geburtstag wieder auf. Erfolgt diese Aufholung der Worte nicht, kann daraus eine Sprachentwicklungsstörung entstehen.

„Late-Talker"

Kinder, die mit 2 Jahren weniger als 50 Wörter sprechen, werden als sogenannte „Late-Talker" bezeichnet. „Late Talker" bedeutet auf Deutsch „späte Sprecher".

Diese Kinder sind in allen Entwicklungsbereichen, außer der Sprache, altersentsprechend entwickelt. Sie fallen dadurch auf, dass sie selbst kaum sprechen, Gesprochenes aber gut verstehen können. Häufig werden „Late Talker" als sprechfaul bezeichnet.

Dieser Begriff ist allerdings eine Unterstellung. „Late Talker" haben in der Regel das Bedürfnis, sich mitzuteilen. Wenn die Kommunikation ausbleibt, liegt dieses nicht daran, dass das Kind nicht sprechen will, sondern daran, dass es nicht sprechen kann.

Die Ursachen für das „Late Talking" sind noch unklar. Organische Ursachen wie Hörstörungen werden ausgeschlossen.

Häufig wird Eltern von „Late Talkern" durch das Umfeld geraten, abzuwarten. Dieses kann allerdings fatal sein.

Denn nur ein kleiner Teil der „Late Talker"

ist in der Lage, die Sprachverzögerung allein wieder aufzuholen. Der größere Teil benötigt allerdings therapeutische Unterstützung. Und je älter ein Kind wird, umso schwerer ist es für das Kind, die Sprachverzögerung aufzuholen.

Wenn Sie bei Ihrem Kind eine Sprachentwicklungsstörung vermuten, sollten Sie dieses auf jeden Fall frühestmöglich ärztlich abklären lassen. Denn wie bei so vielen Dingen gilt auch hier: Je früher Sie handeln, umso besser lässt sich eine Sprachentwicklungsstörung behandeln!

URSACHEN EINER SPRACHENTWICKLUNGSSTÖRUNG

Viele Eltern stellen sich die Frage, ob sie für die Sprachentwicklungsstörungen ihres Kindes verantwortlich sind. Sie suchen fieberhaft nach der Ursache für die mangelnde Sprachentwicklung.

Häufig glauben Eltern, sie haben in der Erziehung und in der Entwicklungsförderung ihres Kindes etwas falsch gemacht. Auf der Suche

nach der Ursache für die mangelnde Sprachentwicklung ihres Kindes kommt es schnell zu Kon-
flikten unter den Eltern.

Als Eltern rate ich Ihnen: Geben Sie sich
nicht die Schuld für die Sprachentwicklungsstörung Ihres Kindes. Die Gründe für eine Sprachentwicklungsstörung sind sehr vielseitig und
häufig genetisch veranlagt. Konzentrieren Sie
sich besser auf die Unterstützung Ihres Kindes,
als sich über deren Ursache den Kopf zu zerbre-
chen.

Dennoch werde ich Ihnen nun im Weiteren
die Ursachen einer Sprachentwicklungsstörung
vorstellen.

Bei der sekundären Sprachentwicklungsstörung steht die Sprachstörung im Zusammenhang mit anderen übergeordneten Störungen.
Diese bestehen meistens seit der Geburt, wie
z. B. eine geistige Behinderung (Down-Syn-
drom, Fragiles X-Syndrom).

Bei der primären Sprachentwicklungsstörungen spielen genetische Anlagen eine große
Rolle. Dennoch sind die genetischen Dispositio-
nen nicht allein für eine Sprachentwicklungs-

störung verantwortlich zu machen.

Eine der häufigsten Ursachen für eine Sprachentwicklungsstörung ist eine Hörstörung.

Ungefähr 2 von 100 Kindern in Deutschland leiden an einer Hörstörung und nicht immer wird diese direkt erkannt. In Deutschland wird bei Neugeborenen ein Hörscreening durchgeführt. Dieses testet allerdings nicht alle Arten von Hörstörungen.

Einige Kinder entwickeln auch erst im Laufe der Jahre eine Hörstörung. Durch eine Vielzahl an Mittelohrentzündungen kann es dazu kommen, dass Kinder mit zunehmendem Alter immer schlechter hören können.

Häufig ist das Erkennen einer Hörstörung gar nicht so einfach, da Kinder eine leichte Hörstörung gut kompensieren können. Es gibt allerdings unterschiedliche Warnsymptome, auf die Eltern achten können. Hierzu zählt unterer anderem das Verstummen nach der ersten Lallphase. Weitere Auffälligkeiten sind, wenn das Kind nicht reflexhaft auf unerwartete, laute Geräusche oder Ansprachen reagiert, dennoch aber auf Vibrationen. Achten Sie außerdem darauf, ob Ihr Kind besonders laut Musik hört oder Fernsehen schaut. Des Weiteren sprechen Kinder mit Hörstörungen selbst sehr laut. Kinder mit Hörstörungen weisen außerdem Auffälligkeiten in der Sprachmelodie auf. Ihre Sprache klingt häufig monoton und leiernd.

Zum Alltag von Kindern mit Hörstörungen können häufige Missverständnisse gehören. Dadurch, dass sie schlechter hören, können diese Kinder Handlungsanweisungen schlechter wahrnehmen und sie anders oder falsch ausführen.

Ein weiteres Anzeichen für eine Hörstörung ist das vermehrte Nachfragen auf Gesprochenes.

Auch, wenn Kinder in ihrer Sprachentwicklung verlangsamt sind und stark verwaschen und undeutlich Sprechen, kann eine Hörstörung vorliegen.

Häufige Ursachen von Hörstörungen sind Verstopfungen durch Ohrenschmalzpfropfen oder Wasseransammlungen im Innenohr, dem sogenannten Paukenerguss.
Aber auch psychische Faktoren können einer Störung der Sprachentwicklung zugrunde

liegen, z. B. traumatische Erlebnisse.

Des Weiteren kann auch die soziale Umwelt des Kindes als Ursache einer Sprachentwicklungsstörung dargestellt werden. Fehlende Ansprache des Kindes und emotionale Vernachlässigung können dazu führen, dass das Kind sich nicht sprachlich entwickelt und das Sprechen sogar verweigert.

Eine weitere Ursache für anfängliche Sprachentwicklungsstörungen kann sein, dass das Kind keine Notwendigkeit darin sieht, zu sprechen. Dieses entsteht dadurch, dass dem Kind eine Kommunikation durch Mimik und Gestik genügt. Wenn das soziale Umfeld des Kindes direkt auf seine Mimik und Gestik reagiert, benötigt das Kind keine verbale Sprache, um zum Ausdruck zu bringen, was es will.

Auch eine Hirnschädigung durch z. B. einen Tumor oder ein Schädel-Hirn-Trauma kann dazu führen, dass Kinder in ihrer Sprachentwicklung eingeschränkt sind.

DIAGNOSE „SPRACHENTWICKLUNGSSTÖ-RUNG" UND IHRE THERAPIE

Um herauszufinden, ob Ihr Kind an einer Sprachentwicklungsstörung leidet, bieten sich unterschiedliche ärztliche Untersuchungen und diagnostische Verfahren an.

Hierfür werden bei den U-Untersuchungen verschiedene spielerische Tests mit den Kindern durchgeführt. Unter anderem sollen die Kinder Bilder beschreiben oder sich Wortreihen merken. Auch das Umsetzen verbaler Handlungsanweisungen gehört dazu.

Außerdem machen Mediziner für die diagnostische Abklärung häufig Videoaufzeichnungen, um die Sprache des Kindes genauer analysieren zu können.

Um die Kommunikationsfähigkeit der Kinder zu überprüfen, beobachtet der Kinderarzt außerdem, wie das Kind den Eltern von Erlebnissen berichtet und mit ihnen interagiert.

Bei einem Pädaudiologen kann außerdem eine Analyse der Hörfähigkeit gemacht werden, um eine Schwerhörigkeit oder Taubheit Ihres

Kindes auszuschließen. Denn eine bestehende Hörstörung kann die Sprachentwicklung sowie die Sprachfähigkeit stark negativ beeinflussen.

Des Weiteren wird eine Sehstörung, eine geistige Behinderung oder Intelligenzminderung sowie eine neurologische Schädigung von dem Kinderarzt ausgeschlossen.

Meistens führt er auch eine Überprüfung der Motorik durch. So erhält der Kinderarzt einen Überblick über die gesamte Entwicklung Ihres Kindes.

Trotz der Vielzahl an diagnostischen Verfahren ist es für den Arzt häufig schwierig, eine Sprachentwicklungsstörung zu diagnostizieren. Besonders in früher Kindheit entwickeln sich Kinder sehr unterschiedlich und können im Laufe der Zeit Auffälligkeiten wieder ausgleichen.

Wird bei Ihrem Kind allerdings eine Sprachentwicklungsstörung diagnostiziert, erfolgt daraufhin in der Regel eine Überweisung zu einem Logopäden.

Logopädie gehört zu den sogenannten Heilmitteln und bildet den Hauptstamm bei der

Behandlung von Sprachentwicklungsstörungen. Logopäden sind Therapeuten für Sprech-, Sprach-, Stimm- und Schlucktherapie.

Logopädische Therapien finden ein oder mehrmals in der Woche statt und werden von der Krankenkasse auf Verordnung des Arztes übernommen. Zu Beginn einer solchen Therapie findet von dem Therapeuten eine Sprachanamnese sowie eine ausführliche Befunderhebung statt. Wenn auch der Logopäde eine Sprachentwicklungsstörung diagnostiziert hat, erfolgt die Therapie. Diese besteht aus unterschiedlichen Übungen, mit denen Sprachfähigkeiten gefördert werden.

Aber auch Sie als Eltern spielen eine wichtige Rolle bei der Behandlung von Sprachentwicklungsstörungen Ihres Kindes. Sie werden bei der Sprachtherapie Ihres Kindes miteinbezogen. Ihre Aufgabe besteht hauptsächlich darin, zu Hause mit Ihrem Kind seine neu erlernten Übungen durch Wiederholungen zu festigen.

Aber auch unabhängig von einer möglichen logopädischen Behandlung können Sie als Eltern Ihre Kinder in deren Spracherwerb fördern.

Dazu finden Sie zahlreiche Tipps und Anregungen im Kapitel „Mit Spaß die Sprache fördern – Ideen, Tipps und Anleitungen".

WANN SOLLTE MIT DER SPRACHFÖRDERUNG BEGONNEN WERDEN?

Um schwere Auswirkungen auf die weitere Entwicklung Ihres Kindes zu vermeiden, sollte so schnell wie möglich mit einer gezielten Sprachförderung begonnen werden. Dies ist wichtig, um den sprachentwicklungsverzögerten Kindern in Zukunft eine bestmögliche Chance auf Bildung zu ermöglichen und ihnen eine Integration in die Gesellschaft zu erleichtern.

Bislang begann die Sprachförderung meistens im Vorschulalter oder Grundschulalter. Dabei wurden in Kindergärten sowie auch in Grundschulen verschiedene Konzepte zur Sprachförderung sprachgestörter Kinder eingesetzt. Der erwartete Erfolg blieb jedoch aus.

Daraus lässt sich schließen, dass es für

Kinder mit geringen Sprachkompetenzen wichtig ist, die Sprache bereits im Kleinkindalter zu fördern.

In unserer heutigen Gesellschaft gehen die meisten Eltern schon früh wieder arbeiten. Kinder verbringen also viel Zeit in Kinderkrippen oder bei einer Tagesmutter. Die Tendenz ist hier steigend.

Der Besuch einer Tagesmutter oder Kinderkrippe bringt viele positive Aspekte für das Kind mit sich. Der frühe Kontakt mit anderen Kindern fördert die sozialen Kompetenzen. Außerdem weisen Kinder (laut einer Studie der Bertelsmann Stiftung aus dem Jahre 2008) höhere kognitive Fähigkeiten und sprachliche Kompetenzen auf, wenn sie eine Kinderkrippe besuchen. Besonders Kinder aus anderssprachigen Familien profitieren hiervon.

Aber auch die Entwicklung der Erstsprache kann durch den Besuch von Kinderkrippen positiv beeinflusst werden. Allerdings ist es wichtig, dass das pädagogische Fachpersonal entsprechend ausgebildet ist. Ihnen müssen unterschiedliche Kompetenzen vermittelt werden, um die Sprache im Alltag gezielt zu fördern. Dabei geht es sowohl um die Förderung der Sprachbildung aller Kinder als auch die gezielte Sprachförderung von Kindern mit Sprachentwicklungsstörungen.

Der Umgang mit sprachauffälligen Kindern stellt für Eltern, aber auch für pädagogisches Fachpersonal eine große Herausforderung dar und ist oft mit Unsicherheiten verbunden. Im Gegensatz zu Kindern ohne Sprachauffälligkeiten verhalten sie sich gegenüber Kindern mit Sprachentwicklungsstörungen innerhalb der Interaktion direktiver. Beispielsweise verbessern Sie das Kind direkt oder formulieren geschlossene Fragen (Ja-Nein-Fragen).

Dieser Interaktionsstil führt dazu, dass die Freude der Kinder am Sprechen sinkt und eigenständiges Sprechen vermieden wird.

Daraus entwickelt sich dann eine Art Teufelskreis, denn wenn die Kinder nicht mehr gern und eigenständig sprechen, können Förderungen von Pädagogen und Eltern nur noch eingeschränkt eingesetzt werden.

FOLGEN VON
SPRACHENTWICKLUNGSSTÖRUNGEN

In Deutschland werden Sprachentwicklungsstörungen zum Glück nur sehr selten übersehen. Aufgrund unseres umfassenden Gesundheitssystems und den darunterfallenden U-Untersuchungen im Kindesalter werden Sprachentwicklungsstörungen häufig früh erkannt.

Vielleicht fragen Sie sich nun, wie eine Sprachentwicklungsstörung überhaupt übersehen werden kann. Ich erkläre es Ihnen:

Es ist möglich, dass bei Ihrem Kind eine Sprachentwicklungsverzögerung vorliegt, ohne dass der Arzt dies bei einer U-Untersuchung festgestellt hat. Sie als Eltern sehen Ihr Kind jeden Tag und wissen, wie es sich im Alltag sprachlich verhält. Ärzte sehen nur einen kleinen Ausschnitt während des Besuches in der Praxis. Hier verhält sich das Kind, aufgrund der ungewohnten Umgebung, meistens ganz anders als zu Hause.

Einige Kinder können ihre Sprachprobleme gut kompensieren, in dem sie z. B. nur einfache Sätze sprechen.

Besonderes bei Kindern mit Auffälligkeiten

im sozial-emotionalen Bereich wird eine Sprachentwicklungsstörung häufig nicht erkannt. Anzeichen werden meistens falsch gedeutet und auf ihr Verhalten geschoben. Wenn ein Kind eine komplexe Aufgabenstellung nicht oder nicht richtig durchführt, wird schnell geurteilt, dass Gründe hierfür fehlendes Zuhören oder herausforderndes Verhalten sind. Dies stellt für die Kinder eine große psychische Belastung dar.

Und welche Folgen bringt eine Sprachentwicklungsstörung mit sich?

Eine (unentdeckte) Sprachentwicklungsstörung kann weitreichende Folgen mit sich bringen. Die sprachliche Entwicklung ist eng mit Bildung verbunden und kann sich negativ auf das Lernen und die schulischen Leistungen eines Kindes auswirken. Leidet ein Kind an einer Sprachentwicklungsstörung, behindert dies ungemein den Lernprozess. Kinder erfahren nur eine begrenzte Bildung im Unterricht, da sie große Schwierigkeiten haben, die Inhalte zu verstehen.

Mit Blick auf die Zukunft bedeutet dies, dass sprachentwicklungsverzögerte Kinder auch in ihrer späteren beruflichen Entwicklung deutlich benachteiligt sind.

Sprachentwicklungsverzögerungen beeinflussen auch die kognitive und sozial-emotionale Entwicklung von Kindern.

Häufig führt eine bestehende Sprachentwicklungsstörung zu einem fehlenden Selbstbewusstsein. Wenn Kinder sich nicht ausdrücken können und immer wieder missverstanden werden, reagieren sie mit der Zeit frustriert. Die Kinder können sich in ihren Bedürfnissen und Wünschen nicht ausdrücken und fühlen sich dadurch nicht akzeptiert. Hieraus resultieren beachtliche Einschränkungen in der Persönlichkeitsentwicklung. Auch depressive Verhaltensweisen und Mutlosigkeit entwickeln sich häufig aus einer bestehenden Sprachentwicklungsstörung.

Außerdem führen Sprachschwierigkeiten unter älteren Kindern zu Hänseleien. Aus diesem Grund ziehen sich Kinder mit Problemen in der Sprachentwicklung häufig zurück und meiden den Kontakt zu anderen Kindern. Sprachgestörte Kinder reagieren häufig aggressiv auf ihre soziale Umwelt. Durch die fehlende Interaktion mit ihrem Umfeld werden die Kinder auch in ihrer weiteren Entwicklung gehemmt.

Die Sprachfehler der Kinder werden häufig durch ihre Mitmenschen korrigiert. Dies ruft bei den Kindern die Erkenntnis hervor, dass sie Fehler beim Sprechen machen. Geschieht dies öfter, löst es ein Gefühl des Versagens bei den Kindern aus. Durch das häufige Korrigieren erfahren die Kinder zunehmend Kritik, was sie wütend und traurig machen kann. Auch weitere Sprechblockaden oder Fluchtverhalten wie Rückzug können die Folge sein.

Zusammenhang von Sprache und Bewegung

EIN ÜBERBLICK

Sie fragen sich nun sicherlich, was das Thema Bewegung in einem Buch über die Sprachentwicklung zu suchen hat. Ich kann Ihnen versichern – ziemlich viel.

Die beiden Komponenten Bewegung und Sprache hängen tatsächlich eng miteinander zusammen und beeinflussen sich gegenseitig.

Der Erwerb der Sprache ist kein isolierter Vorgang, sondern ein Teil der gesamten Entwicklung der Kinder. Und nicht nur sprachliche und motorische Vorgänge beeinflussen sich gegenseitig. Auch kognitive und sozial-emotionale Prozesse gehören dazu.

Durch Bewegung setzen sich Kinder selbstständig mit ihrer Umwelt auseinander. Schon lange, bevor sie sprechen können, erkunden Kleinkinder bereits ihre Umwelt. Und auch schon als Baby lernen sie diese kennen, indem sie sich Gegenstände in den Mund stecken und sie durch Nuckeln und Saugen erkunden. Der Antrieb für das Erkunden und Kennenlernen der Umwelt resultiert durch eine angeborene Neugierde. Die Kinder lernen durch ihre Sinne und ihren Körper Mitmenschen, Gegenstände und Handlungen kennen.

Um Sprache zu lernen, ist es für die Kinder erforderlich, sich aktiv mit ihrer materiellen und sozialen Umwelt, aber auch mit sich selbst, auseinanderzusetzen. Denn erst das, was Kinder erkundet und kennengelernt haben, können sie auch versprachlichen.

Wenn das Kind beispielsweise einen Ball schießt, stellt es fest, dass dieser wegrollt. Erst nachdem das Kind diesen Vorgang erkundet hat, wird es diesen auch versprachlichen können. Indem Kinder etwas tun, erkennen sie, dass und wie sie das Handeln beschreiben können. Nach einer gewissen Zeit verinnerlicht das Kind oft ausgeführte Handlungen. Durch das Verinnerlichen ist das Kind in der Lage, seine Handlung sprachlich zu reflektieren. Es kann so z. B. Mitmenschen erzählen, dass es einen Fußball geschossen hat.

Durch Bewegung und Wahrnehmen seiner Umwelt lernt das Kind unterschiedliche Beschaffenheiten und Funktionen von Gegenständen kennen. Es macht also unterschiedliche Erfahrungen. Diese Erfahrungen möchte das Kind dann durch Sprache zum Ausdruck bringen.

Umso mehr Kinder ihre Umwelt mit allen Sinnen erforschen, umso besser können sie diese durch Begriffe zum Ausdruck bringen. Darunter fallen unter anderem auch das Matschen und Wühlen mit z. B. Sand. Diese Aktivitäten beanspruchen besonders viele Sinne der Kinder.

Das Kind muss lernen, sich in der Welt zu orientieren. Durch Rennen, Kriechen, Hüpfen und Toben lernt es seine Umwelt kennen.

Hierdurch lernt es, was z. B. schnell und was langsam ist. Sie verstehen durch Ausprobieren, was oben und unten, was nah und weit entfernt ist. Durch diese Erfahrungen kann sich das Kind dann seinen Mitmenschen mitteilen.

Außerdem schafft Bewegung Gründe der Kommunikation. Beim Spielen verschiedener Bewegungsspiele sprechen Kinder sich ab oder tauschen sich aus. Kinder benötigen aber auch Unterstützung, beim z. B. Klettern auf Bänke, wenn ihnen dies nicht selbstständig gelingt. Um das Bedürfnis nach Hilfe zu äußern, gebrauchen Kinder die Sprache.

Des Weiteren fördert Bewegung die Grobmotorik, welche als Grundlage der Feinmotorik gilt.

> *Nebenbei bildet Bewegung auch die Grundlage für das spätere Lernen in der Schule. Durch Bewegung lernen Kinder die Balance und Bewegung ihres Körpers einzuschätzen, was dazu führt, dass ihnen später abstrakte Zahlen und Rechenvorgänge leichter fallen.*

Feinmotorik als Zugang zur Sprache:

Unter der Feinmotorik versteht man das Ausführen von Bewegungen mit den Fingern und der Gesichtsmuskulatur.

Die Sprachentwicklung erfolgt unter anderem auf der Basis des Greifens. Zwischen Händen und dem Sprachzentrum im Gehirn besteht eine Art Verknüpfung. Durch Förderung der Feinmotorik, besonders der Finger und Hände, wird gleichzeitig auch das Sprachzentrum trainiert.

Aber auch Gesichts- und Rachenmuskulatur spielen eine wichtige Rolle bei dem Erlernen des Sprechens. Zum einen verhilft die Gesichtsmuskulatur uns bei der Mimik.

Sprache besteht aus mehreren Komponenten. Dabei zählen neben der verbalen Sprache auch die Mimik und Gestik dazu.

Die verbale Sprache übernimmt in der Kommunikation zwar die Hauptrolle, dennoch benötigen wir die Mimik, um das Gesagte zu unterstreichen und ihm die passende Bedeutung zu geben.

Zum anderen benötigen wir Mund- und

Rachenmuskulatur, um bestimmte Laute zu formen. Eine ausgeprägte Rachen- und Mundmuskulatur ermöglichen uns das Formen von Lippen und Zunge. Aber um gewünschte Laute zu bilden, reicht nicht allein das Vorhanden-Sein dieser Muskulatur. Wir müssen auch in der Lage sein, Lippen und Zungen durch diese Muskulatur koordinieren zu können.

Des Weiteren zählt zu der Bildung von Lauten auch die Atmung. Diese muss kontrolliert werden können. Nur so sind wir in der Lage, einen passenden Luftstrom zu produzieren, der uns verhilft, den gewünschten Ton hervorzubringen.

Die ganzen genannten Aspekte haben alle etwas gemeinsam, nämlich Bewegung. Verfügt Ihr Kind über eine ausreichende Bewegung, ist schon sehr viel für den Spracherwerb Ihres Kindes getan.

Die Kombination durch die zunehmende Kontrolle des Körpers und die Sprache verleihen dem Kind außerdem immer mehr Selbstständigkeit.

Tipps, Tricks und Ideen zur Sprachförderung

KOMMUNIKATIONS- UND VERHALTENSTIPPS FÜR ELTERN UND PÄDAGOGISCHES FACHPERSONAL

Durch die aktive Nutzung der Sprache in Alltagssituationen lernen Kinder das Sprechen. Gespräche mit Erwachsenen, aber auch mit anderen Kindern sind wichtig, damit das Kind seine sprachlichen Kompetenzen ausprobieren und erweitern kann.

Gerade, wenn bei Ihrem Kind eine Sprachentwicklungsstörung diagnostiziert wurde, möchten Sie als Elternteil Ihrem Kind eine bestmögliche Unterstützung bieten. Neben einer logopädischen Therapie können Sie auch zu Hause einiges zur Förderung der Sprache Ihres Kindes beitragen.

Mit den folgenden Anregungen gelingt Ihnen die Sprachförderung ganz leicht während der Interaktion und Kommunikation mit Ihrem Kind.

Probieren Sie es einfach aus, es ist gar nicht so schwer.

1. Wenn Ihr Kind mit Ihnen spricht, hören Sie ihm aufmerksam zu und unterbrechen Sie es nicht. Auch, wenn Sie nicht alles verstanden haben, ist es wichtig, dem Kind erst bis zum Ende zuzuhören und dann nachzufragen. Kinder, die häufig beim Sprechen unterbrochen werden, neigen automatisch dazu, weniger zu sprechen.

2. Widmen Sie Ihrem Kind während der Kommunikation Ihre Aufmerksamkeit. Indem Sie es beim Sprechen anschauen, zeigen Sie dem Kind Interesse an ihm und an dem Gespräch. Machen Sie während der Unterhaltung nicht nebenbei noch etwas anderes. Ihr Kind wird merken, dass Sie abgelenkt sind und sich nicht richtig

wahrgenommen fühlen.

3. Wenn Ihr Kleinkind Ein-Wort-Sätze äußert, greifen Sie diese auf, indem Sie die geäußerten Wörter in einen vollständigen Satz verpacken. Hierbei müssen Sie darauf achten, dass die gesprochenen Wörter mehrere Bedeutungen für Ihr Kind haben können. Beispielsweise kann Ihr Kind mit dem Wort „Puppe" meinen: „Dort liegt eine Puppe", aber auch „Ich möchte diese Puppe haben".

Wenn Ihr Kind z. B. die Puppe haben möchte, können Sie bei der Äußerung „Puppe" das Wort aufgreifen und es in einen Zusammenhang bringen, in dem Sie sagen: "Ja, dort liegt eine Puppe. Ich hole dir die Puppe". Somit lernt das Kind, weitere Wörter miteinander zu kombinieren, und erfährt gleichzeitig Spaß am Sprechen, da es merkt, dass es mit dem Gesprochenen etwas erreichen kann.

4. Verbessern Sie Ihr Kind nicht, sondern wiederholen Sie ein falsch gesprochenes Wort richtig. Sagt Ihr Kind zum Beispiel immer „Sule"

statt „Schule", verbessern Sie dies nicht direkt, indem Sie das falsch ausgesprochene Wort kritisieren. Verbessern Sie das Wort hingegen passiv, in dem Sie das falsche Wort richtig wiederholen. Vermeiden Sie also ein „Nein, das heißt Schule" und sagen Sie stattdessen „Ja richtig, dort ist eine Schule".

5. Versuchen Sie in vollständigen Sätzen zu reden und meiden Sie komplizierte Sätze. Das Kind muss lernen, wie sich Sprache zusammensetzt, und dies gelingt ihm am besten, wenn man mit ihm in ganzen Sätzen spricht. So kann es die grammatikalischen Regeln und Zusammensetzungen der Wörter genau analysieren und neue Wörter nach diesem erlernten Schema kombinieren.

6. Ersetzen Sie außerdem schwierige Fremdwörter durch einfache Wörter. Dieses hilft dem Kind, Wörter und Sätze besser zu strukturieren und sie zu verstehen. Allerdings sollten Sie darauf achten, dass Sie Wörter nicht zu stark vereinfachen. Komplexe Wörter und Sätze

erweitern den Wortschatz des Kindes und fördern grammatisches Wissen.

7. Begleiten Sie Handlungen beim Ausführen
sprachlich, indem Sie Ihrem Kind erklären, was
Sie da gerade tun. So untermalen Sie Ihre Handlungen sprachlich, was dazu führt, dass sich der
Wortschatz Ihres Kindes festigt. Des Weiteren
werden logische Abfolgen sowie logisches Den-
ken gefördert.

8. Geben Sie Ihrem Kind kleine Aufträge. Am
Esstisch können Sie es beispielsweise darum
bitten, Ihnen seinen Becher zu geben. Beim Auf-
räumen der Eisenbahn können Sie es auffordern, die Schienen in die Kiste zu räumen. Durch
kleine Handlungsaufträge wird vor allem das
Sprachverständnis, aber auch die Satzzusam-
mensetzung, die Grammatik und der Wortschatz gefördert.

9. Beziehen Sie das Kind in Alltagsaufgaben ein.
Durch das Ausführen von Alltagsaufgaben lässt
sich die Sprache ganz einfach üben. Sie können

das Kind z. B. bitten, Ihnen beim Kochen zu helfen. Hierbei kann Ihr Kind viele Fähigkeiten schulen und Erfahrungen sammeln. Beim Kochvorgang müssen unterschiedliche Zutaten benannt werden. Dadurch kann Ihr Kind seinen Wortschatz erweitern und die gelernten Wörter durch die durchgeführten Handlungen besser abspeichern.

Außerdem fördert das Umrühren oder das Schneiden die motorische Entwicklung.

10. Gestalten Sie Ihren Alltag aktiv, indem Sie sich viel bewegen. Als Eltern haben Sie eine Vorbildfunktion Ihrem Kind gegenüber. Wenn Sie sich wenig bewegen, wird Ihr Kind es Ihnen nachmachen. Sie können Ihr Kind spielerisch zu den unterschiedlichsten Bewegungen anhalten, z. B. Werfen, Gehen Springen etc.

Da Bewegung die Sprache fördert, ist es für Kinder außerordentlich wichtig, sich zu bewegen. Zudem bringt Bewegung auch weitere gesundheitliche Vorteile mit sich.

WIESO SPIELERISCHE SPRACHFÖRDERUNG?

Vielleicht stellt sich Ihnen die Frage, wieso Sie die Sprache Ihres Kindes ausgerechnet spielerisch fördern sollten. Dieses möchte ich Ihnen im Folgenden kurz erklären.

Natürlich können Sie Ihr Kind auch immer wieder bestimmte Wörter nachsprechen oder Übungen durchführen lassen, ohne dass diese mit einer spielerischen Aktivität verbunden sind. Dazu wird das Kind allerdings schnell keine Lust mehr haben.

Wenn Sie das Lernen allerdings mit Spielen verknüpfen, führt dieses dazu, dass das Kind seine Aufmerksamkeit steigert. Das Spiel bereitet dem Kind Freude und sorgt dafür, dass es durch den Spaß freiwillig lernt. Durch Freude und Motivation lernt das Kind also schneller und effektiver. Außerdem ist der Stresspegel im Vergleich zum „normalen Lernen" beim spielerischen Lernen deutlich geringer.

Wenn Sie selbst darüber nachdenken, werden Sie zu dem Entschluss kommen, dass auch Sie Dinge besser lernen können, wenn diese

Ihnen Spaß bereiten.

SPIELE ZUR FÖRDERUNG DER SPRACHENTWICKLUNG

Auf den folgenden Seiten habe ich Ihnen nun einige Spielanregungen zusammengestellt. Mit diesen Spielen können Sie die Sprachentwicklung und Sprachbildung Ihres Kindes fördern.

Achten Sie darauf, dass die unterschiedlichen Spiele mit verschiedenen Personenanzahlen durchgeführt werden. Von Zweiergruppen über Kleingruppen bis hin zu Gruppen von Größe einer Schulklasse ist alles dabei.

Einfache Spiele

1. Das Vorlesen: Ich empfehle Ihnen, Ihrem Kind bereits ab dem 3. Lebensmonat regelmäßig vorzulesen. Beim Vorlesen liegt der gemeinsame Aufmerksamkeitsfokus von Erwachsenem und Kind auf dem Buch. Das Buch bietet so einen geschützten Rahmen und lässt Außenreize in den Hintergrund rücken. Es bietet so eine optimale Bedingung zum Lernen der Sprache. Beim Vorlesen verknüpft Ihr Kind das Gelesene mit den

Bildern. So speichert es Wörter ab und der Wortschatz erweitert sich. Des Weiteren regt das Vorlesen die Fantasie und Vorstellungskraft an. Durch das Zuhören werden Konzentration und Merkfähigkeit gefördert.

Achten Sie beim Vorlesen darauf, Pausen zu machen und über das Vorgelesene mit dem Kind zu sprechen. So können Sie sicher gehen, dass Ihr Kind das Gelesene verstanden hat.

Außerdem stärkt das Vorlesen die Eltern-Kind-Bindung. Das Vorlesen schafft eine gemütliche Atmosphäre und Ihr Kind kann das Hören Ihrer ihm so vertrauten Stimme genießen.

Zudem kann das Vorlesen als ein festes Ritual genutzt werden und Ihrem Kind Sicherheit und Struktur bieten (z. B. vor dem Schlafengehen).

Bei der Auswahl des Buches sollten Sie allerdings einiges beachten. Zum einen sollte das Buch die Interessen Ihres Kindes ansprechen, zum anderen sollte ein Buch gewählt werden, welches dem Alter des Kindes entspricht.

Als Faustregel gilt hier: Durch die Bilder sollte sich ein Kind selbst den größten Anteil der

Geschichte erschließen können. Kann es dies nicht, ist das Buch zu komplex für das Kind.

Bei kleineren Kindern sollten Sie Bücher mit übersichtlichen Seiten wählen. Auch Bücher mit Klappen eignen sich gut. Durch die Klappen wird bei Kindern die Entdeckerlust geweckt und das Interesse an dem Buch steigt.

2. Memory: Bei diesem Spiel sollen Kinder durch das Aufdecken von Karten die gleichen Pärchen finden. Hierbei können Sie Ihr Kind dazu auffordern, das Bild auf dem Kärtchen zu benennen. Wenn Sie es etwas schwieriger haben möchten, können Sie auch direkt den passenden Artikel zu dem Bild benennen lassen (anstatt Ball dann also der Ball). Wenn Sie selbst bei dem Spiel mitspielen, ist es wichtig, dass Sie selbst die Bilder ebenfalls mit Artikel benennen. Durch die Vorbildfunktion wird Ihnen das Kind schnell alles nachahmen.

Das Spielen von Memory in dieser Version fördert neben der Merkfähigkeit und Konzentration so ebenfalls die sprachliche Kompetenz.

3. Wimmelbücher: Das Anschauen von Wimmelbüchern richtet sich vor allem an etwas ältere
Kinder. Diese Bücher wecken mit ihrer Vielzahl
an Eindrücken schnell das Interesse. Durch die
Abbildung vieler Begriffe auf engem Raum re-
gen diese Bücher zum Erweitern des Alltags-
wortschatzes an. Fordern Sie Ihr Kind auf, bestimmte Gegenstände oder Personen auf den
Seiten zu suchen oder Ihnen das Geschehen dort
im Buch zu erklären.

Das Anschauen von Wimmelbüchern fördert zudem die Interaktion von Kindern unter-
einander.

4. Bildergeschichten: Bildergeschichten eignen
sich besonders für Kinder im Alter von 0 – 2 Jahren. Hierbei können Sie Ihrem Kind das Bild beschreiben und erklären. Sie dürfen alles erzählen, was Ihnen zu den Bildern einfällt, und die
Situation so kreativ und vielseitig beschreiben,
wie nur möglich.

Stellen Sie Ihrem Kind Fragen zu den Bildern und lassen Sie es selbstständig erzählen.
Beim Umblättern sollten Sie Ihrem Kind die

Führung überlassen. Es darf Seiten vor- und zurückblättern. Es kommt nicht darauf an, die Geschichte zu Ende anzuschauen, sondern das Interesse des Kindes an den einzelnen Bildern zu wecken und durch Erzählungen die Sprache zu fördern.

5. Rollenspiele: Beim Spielen von Rollenspielen, wie beispielsweise mit einem Kaufmannsladen oder einer Küche, wird ebenfalls das Sprechen der Kinder gefördert. Das Schlüpfen in andere Rollen bereitet den Kindern großen Spaß und fördert gleichzeitig das eigenständige Reden. Am besten eignen sich Rollenspiele unter Kindern.

Hierbei fördern die Kinder sich gegenseitig ohne Unterstützung der Erwachsenen. Zudem lernen die Kinder bei Rollenspielen sich selbst sowie unterschiedliche Situationen aus dem Alltag besser kennen. Lassen Sie der Kreativität Ihres Kindes freien Lauf.

6. Ich packe meinen Koffer: Bei diesem Spiel beginnt ein Kind mit „Ich packe meinen Koffer..."

und nennt einen Gegenstand, den es einpacken möchte, beispielsweise ein Paar Schuhe. Danach ist das nächste Kind an der Reihe und wiederholt, was das Kind vor ihm eingepackt hat, und packt seinen eigenen Gegenstand hinzu.

So geht es reihum weiter und der gepackte Koffer wird immer voller, bis jemand einen Fehler macht._Mit diesem Spiel trainieren die Kinder spielerisch ihren Wortschatz sowie ihre Merkfähigkeit und Aufmerksamkeit._Natürlich kann dieses Spiel nicht nur unter Kindern gespielt werden. Sie können es auch gemeinsam mit Ihrem Kind und anderen Familienmitgliedern spielen.

7. Nacherzählen von Geschichten: Erzählen Sie Ihrem Kind eine Geschichte oder lesen Sie Ihm vor. Achten Sie dabei darauf, dass die Geschichte dem Alter Ihres Kindes entspricht und es diese gut versteht. Außerdem sollte die Geschichte nicht zu lang sein.

Fragen Sie Ihr Kind nach dem Erzählen über die Geschichte aus. Konkrete Fragen könnten z. B. sein: Wie hieß die Person in der Geschichte? Wie alt war sie? Das Kind kann Ihnen auch die ganze Geschichte in eigenen Worten wiedergeben.

Hierbei wird vor allem die auditive Merkfähigkeit Ihres Kindes geschult. Zudem wird das Sprachverständnis gefördert und das Kind wird zum selbstständigen Reden angehalten.

8. Fingerspiele und Reime: Mit Fingerspielen und Reimen können Sie bereits beginnen, wenn Ihr Kind noch im Babyalter ist. Durch die Wiederholung und Intonation wird die Erkennung des Sprachrhythmus gefördert, was zur Entwicklung der Sprache beiträgt.

Außerdem treten Sie mit Ihrem Kind durch Fingerspiele in Interaktion und treten als sprachliches Vorbild auf. Wenn Ihr Kind bereits alt genug ist, können Sie es auch auffordern, die Reime und Bewegungen mit Ihnen gemeinsam durchzuführen. Dadurch werden ebenfalls die Feinmotorik und Koordination der Hände sowie die Kognition gefördert.

Typische Fingerspiele sind z. B. „Das ist der Daumen" oder „Ri, ra, Rutsch".

9. Klatschspiele: Spielen Sie mit Ihrem Kind Klatschspiele. Bei Klatschspielen wird immer ein gewisser Rhythmus gesprochen oder gesungen und mit Händeklatschen kombiniert.

Hierfür werden leichte, sich reimende Sätze verwendet. Je nachdem, wie alt Ihr Kind ist, können Sie den Klatschreim schneller oder langsamer aufsagen, sodass Ihr Kind diesen versteht und mitsprechen kann. Setzen Sie sich beim Klatschspiel Ihrem Kind gegenüber, sodass Sie sich gegenseitig in die Hände klatschen können. Erschwert wird das Ganze, wenn man erst in die eigenen und dann in die Hände des Gegenübers klatsch. Auch das Einklatschen über Kreuz stellt eine Steigerung des Schwierigkeitsgrades dar.

Klatschspiele verleihen dem Kind ein Gefühl von Rhythmus, was sich positiv auf den Sprachrhythmus auswirkt. Außerdem fördern Sie die Motorik, vor allem die Koordination.

Ein bekanntes Klatschspiel ist z. B. „Bei Müllers hat's gebrannt".

Spiele zur Schulung des Gehörs
Bevor Kinder selbst Laute bilden können, müssen sie diese erst einmal wahrnehmen. Dies

geschieht durch genaues Hinhören, was für viele Kinder eine Schwierigkeit darstellt. Gut, dass man das Gehör der Kinder ebenfalls spielerisch schulen kann.

1. Hörspiele: Durch das Hören von Hörspielen wird die Aufmerksamkeit der Kinder geschult und ein genaues Hinhören gefordert. Wählen Sie am besten ein Hörspiel zu einem Thema aus, welches Ihr Kind interessiert, um die Lust am Hörspiel-Hören des Kindes zu fördern.

Allerdings sollten Sie beachten, dass das Hören von Hörspielen keinesfalls das Sprechen und Spielen mit dem Kind ersetzt. Es eignet sich als Ergänzung, da bei Hörspielen keine Interaktionen gegeben sind.

2. Vorsingen oder gemeinsames Singen: Wenn Eltern ihren Kindern etwas vorsingen, hören die Kleinen gebannt zu. Aber auch das gemeinsame Singen macht Kindern großen Spaß. Hierbei lernen Kinder Sprachmelodie und Sprachrhythmus kennen. Außerdem entwickeln die Kinder Freude an der Sprache, was der Sprach-

entwicklung eine wichtige Grundlage bietet.

Singen Sie mit Ihrem Kind gemeinsam Lieder, die es kennt. Am besten eignen sich zu Beginn Lieder mit einfachen Texten und vielen Wortwiederholungen. Sie können auch das Singen mit Bewegung kombinieren, durch z. B. Lieder wie „Taler, Taler du musst wandern" oder „Der Plumpsack geht um".

3. <u>Stille Post:</u> Bei diesem Spiel denkt sich ein Kind ein Wort aus und flüstert es in das Ohr seines Sitznachbarn. Reihum wird dieses Wort dann so von Kind zu Kind weitergegeben, bis es das letzte Kind erreicht das. Dieses muss das Wort dann laut sagen. Ziel ist es, dass das Wort auch beim letzten Kind noch richtig ankommt. Häufig entstehen aber die lustigsten und verdrehtesten Wörter. Dieses Spiel fördert das Zuhören der Kinder sowie eine deutliche Aussprache.

Dieses Spiel können Sie auch gemeinsam mit Ihrem Kind und anderen Familienmitgliedern spielen. Der Spaß ist hierbei vorprogrammiert.

4. Flüstermemory: Bei dieser Art des Memory Spielens werden die Karten offen (mit den Bildern nach oben) auf dem Tisch verteilt.

Flüstern Sie nun einen Begriff, der auf einer Memorykarte zu sehen ist. Halten Sie dabei die Hand vor den Mund, damit Ihr Kind das Wort nicht von Ihren Lippen ablesen kann.

Ziel ist es, dass das Kind so schnell wie möglich das passende Paar findet und dieses durch Abklatschen der Karten bestätigt.

Bei häufigem Nachfragen oder Abklatschen falscher Karten durch das Kind dürfen Sie den Flüsterton erhöhen. Achten Sie darauf, dass das Spiel in einer ruhigen Umgebung stattfindet.

Bei diesem Spiel wird vor allem das Zuhören geschult.

5. Gleich oder ungleich

Dieses Spiel eignet sich besonders gut zum Spielen in einer Gruppe. Dabei versammeln sich alle Kinder in einem Kreis. In der Mitte liegen weiße und schwarze Steine.

Sprechen oder flüstern Sie nun ähnlich klingende oder gleiche Begriffe, z. B. Tasse-Kasse,

Rose-Rose, Hose-Dose. Halten Sie sich dabei die Hand vor den Mund, um ein Lippenablesen der Kinder zu vermeiden. Die Kinder sollen nach jedem Wortpaar entscheiden, ob Sie dieselben oder verschiedene Begriffe genannt haben. Die Kinder, die sich für „gleiche Begriffe" entschieden haben, dürfen sich einen weißen Stein nehmen. Die Kinder, die sich für „ungleiche Begriffe" entschieden haben, einen schwarzen.

Hat jedes Kind einen Stein in der Hand, lösen Sie die Aufgabe auf. Dieses Spiel eignet sich gut für Kinder, die Schwierigkeiten in der Unterscheidung ähnlich klingender Laute haben.

6. Erzählen von Quatschgeschichten:

Lesen Sie Ihrem Kind eine Geschichte vor. Bilden Sie beim Lesen der Geschichte aus einzelnen Begriffen Quatschwörter, indem Sie Buchstaben vertauschen. Achten Sie darauf, dass Sie nur einzelne Buchstaben des eigentlichen Wortes vertauschen, sodass sich der richtige Begriff und der Quatschbegriff sehr ähnlich anhören. Lesen Sie dann z. B. „Max geht mit seinem Hand spazieren" – statt „Max geht mit seinem Hund spazieren".

Mal sehen, ob Ihr Kind alle Fehler entdeckt. Dieses Spiel eignet sich zur Schulung des Gehörs, besonders bei Kindern, die ähnlich klingende Laute verwechseln.

Achten Sie auf eine ruhige Umgebung und eine entspannte Haltung Ihres Kindes. Dies fördert das Zuhören.

Spielerische Förderung der Atmung, Mundmotorik und Koordination von Lippen und Zunge:

1. Wattekugel-Pustespiel

Hierbei soll Ihr Kind Wattekugeln nur durch das Pusten in einen bestimmten Bereich bringen. Dieses Spiel kann auch gut als eine Art Wettkampf gestaltet werden, indem Sie oder andere Kinder mit Ihrem Kind um die Wette pusten. Ziel ist es, die Wattekugeln möglichst schnell hinter eine vorher bestimmte Linie zu pusten. Hierbei soll geübt werden, einen ausreichenden Luftstrom zu produzieren, was unter anderem die Atmung, aber auch die Mundmotorik fördert.

Schwieriger wird es, wenn Sie einen kleineren Bereich, z. B. einen aufgemalten Kreis auf einem Blatt Papier, als Ziel festlegen. Hierbei muss Ihr Kind dann genau darauf achten, nicht zu doll zu pusten, damit die Wattekugel genau in diesem Bereich landet.

2. Seifenblasen und Luftschlangen pusten

Das Prinzip ist hierbei das gleiche wie bei dem Wattekugeln-Pustespiel. Auch hier werden durch das Pusten Atmung und Mundmotorik gefördert. Das Pusten von Seifenblasen und Luftschlangen bereitet Ihrem Kind mit Sicherheit großen Spaß.

Sie können das Seifenblasen-Pusten auch als ein Gruppenspiel umfunktionieren. Hierbei darf dann ein Kind immer die Seifenblasen pusten und die anderen Kinder sollen diese einfangen. So wird ganz nebenbei ebenfalls die Grobmotorik und Auge-Hand-Koordination gefördert.

3. Strohhalm-Spiel

Bei diesem Spiel soll das Kind mit einem Strohhalm Zettel oder andere leichte Gegenstände

z. B. Muffinförmchen ansaugen. Den angesaugten Gegenstand soll es dann versuchen, durch anhaltendes Ansaugen zu transportieren. Sie können Ihrem Kind beispielsweise erzählen, dass die Zettel Briefe darstellen sollen. Ihr Kind darf dann den Postboten spielen und die „Briefe" so an unterschiedliche Orte transportieren, z. B. von dem Boden auf den Tisch oder das Sofa etc.

Durch dieses Spiel übt das Kind die Saugbewegung, die unter anderem die Mundmuskulatur stärkt.

4. Mitmachgeschichten

Die gezielten Bewegungen von Lippen und Zungen kann Ihr Kind auch durch unterschiedliche Geschichten üben. Sie lesen die Geschichte vor und Ihr Kind macht die darin beschriebenen Bewegungen nach. Natürlich können Sie die Bewegungen mit Lippen und Zunge vormachen.

Hier ein Beispiel für eine Mitmachgeschichte:

Frau Zunge

Frau Zunge liegt schlafend in ihrem Bett (Zunge liegt ruhig im Mund). Die Türen sind fest verschlossen (Lippen werden fest aufeinandergepresst) und alles ist noch ganz ruhig.

Plötzlich klingelt der Wecker RRRR (Geräusch RRR mit dem Mund). Frau Zunge ist hellwach. Sie streckt sich nach rechts (Zunge von innen in rechte Wange drücken) und sie streckt sich nach links (Zunge von innen in die linke Wange drücken).

Als Nächstes öffnet Frau Zunge die große Tür (Mund öffnen), um zu lüften. Sie schaut hinaus (Zunge nach draußen strecken). Sie schaut nach oben (Zunge nach oben strecken), sie schaut nach unten (Zunge nach unten strecken), sie schaut nach links (Zunge nach links strecken), sie schaut nach rechts (Zunge nach rechts strecken).

Heute hat Frau Zunge viel zu tun. Als Erstes putzt sie ihre Haustür gründlich (mit der Zunge über die Lippen fahren). Auch die Fenster sind schmutzig und müssen gesäubert werden (Mit der Zunge über die Zähne fahren).

Oh, da läuft die Nachbarin vorbei. Frau Zunge winkt ihr fröhlich zu (Zunge rausstrecken und schnell hin und her wackeln). Als Nächstes saugt Frau Zunge mit ihrem Staubsauger ihre

Wohnung (Zunge rollen und nach draußen strecken) und singt dabei ein kurzes Lied (Summen).

So schnell ist der Tag vorbei. Frau Zunge ist müde geworden. Sie gähnt (Gähnen, Zunge strecken) und verschwindet schnell wieder in ihr Bett (Zunge schnellt zurück in den Mund).

Förderung der Grobmotorik und Wahrnehmung:
1. Bewegungsbaustelle

Eine Bewegungsbaustelle stellt eine Art vielseitigen Spielplatz dar, in der das Kind viele neue Erfahrungen sammeln kann.

Hierbei kommt Ihr Kind mit unterschiedlichen Materialien in Berührung. Holzklötze, Bretter, Autoreifen, Plastikrohre, Teppichreste, Seile und vieles mehr werden den Kindern zur Verfügung gestellt. Der Fantasie an Materialien sind keine Grenzen gesetzt. Wichtig ist, dass Sie Ihrem Kind keine Vorgaben machen. So kann es die Materialien selbstständig erkunden, ausprobieren und konstruieren.

2. Psychomotorische Bewegungsangebote

Das psychomotorische Angebot ist eine

Verknüpfung zwischen Psyche (seelischen Vorgängen) und der Motorik (Bewegung). Diese Bewegungsangebote fördern Grob- und Feinmotorik, Gleichgewicht, Koordination. Aber auch die soziale Interaktion und Wahrnehmungsprozesse werden angeregt und die Persönlichkeitsentwicklung gefördert.

Psychomotorische Bewegungsangebote stellen ein Bewegungsangebot in der Gruppe dar. Sie können von einer ausgebildeten Fachkraft durchgeführt werden. Häufig werden psychomotorische Bewegungsangebote in Sportvereinen angeboten. Bestimmt auch in Ihrer Nähe. Fragen Sie nach!

Einige Kinder reagieren mit Ängstlichkeit, wenn sie auf eine neue, für sie fremde Umgebung, z. B. einen Bewegungsparcours, stoßen. Wichtig ist, dass Bezugspersonen dann eine emotionale Unterstützung bieten, indem sie den Kindern aufmunternd zunicken, sie mit Worten bestärken, lächeln oder, wenn nötig, Körperkontakt anbieten. Dennoch sollten sie sich ansonsten im Hintergrund halten und nur eingreifen, wenn die Sicherheit des Kindes gefährdet ist.

3. Spielen in freier Natur

Das Spielen in der Natur, wie in einem Wald, bietet den Kindern zahlreiche Möglichkeiten, sich zu bewegen. Egal, ob es das Balancieren auf Baumstämmen oder das Sammeln von Zweigen ist. Überall ist Bewegung im Spiel. Auch das Verstecken im Wald beinhaltet Bewegung. Durch das Toben wird die Bewegung und gleichzeitig auch die Sprache gefördert.

Wohnen Sie in einer Stadt, können Sie mit Ihrem Kind auch Spielplätze besuchen.

Denn auf Spielplätzen erfahren Kinder unterschiedliche Arten von Bewegungen. Sie können schaukeln, hängen, balancieren und vieles mehr.

4. Feuer-Wasser-Sturm

Bei diesem Spiel wird jedem der Begriffe Feuer, Wasser, Sturm eine Bewegung zugeordnet. Beispielsweise sollen die Kinder bei Feuer auf Matten hüpfen, sich bei Wasser an Turnstangen hängen und bei Sturm auf Knien krabbeln.

Zu Beginn laufen die Kinder in der Halle frei herum. Dazu kann Musik abgespielt werden.

Halten Sie nun die Musik an und rufen Sie einen der Begriffe (Feuer, Wasser oder Sturm). Je nachdem, welcher Begriff genannt wird, sollen die Kinder dann die entsprechende Bewegung zu dem Begriff durchführen.

5. Tier-Alarm

Dieses Spiel wird ähnlich wie das obere Spiel gespielt. Spielen Sie Musik ab. Während die Musik läuft, laufen die Kinder frei in der Halle herum. Stoppen Sie dann die Musik und nennen Sie ein Tier. Je nachdem, welches Tier genannt wurde, müssen die Kinder die Bewegung des Tieres nachahmen. Rufen Sie z. B. „Elefant", bewegen sich alle Kinder stampfend und trompetend fort, rufen Sie „Hase", hüpfen alle Kinder etc.

6. Laut-Inseln

Verteilen Sie vier Matten innerhalb eines Bewegungsparcours. Diese sollen Inseln darstellen. Als Nächstes geben Sie den Inseln verschiedenen Namen.

Diese sollen aus Lauten bestehen. Beispielsweise könnte die erste Insel „Zzz" genannt werden. Auf dieser Insel sollen die Kinder sich wie Schlangen bewegen. Die nächste Insel könnte „Schschsch" heißen. Auf dieser Insel dürfen sich die Kinder nur wie eine Eisenbahn bewegen. Die dritte Insel könnte den Namen „Sss" erhalten. Auf ihr müssen die Kinder Fliegen fangen. Die vierte Insel könnte „Uaah" heißen, auf ihr sollen Monster gefangen werden.

Lassen Sie die Kinder nun durch den Parcours klettern. Währenddessen können Sie Musik laufen lassen. Stoppen Sie die Musik und rufen Sie einen Namen der Insel. Die Kinder sollen dann zu der gerufenen Insel laufen. Beispielsweise die Insel „Uaah". Die Kinder sollen dabei den Laut „Uaah" ausrufen und so tun, als würden sie Monster fangen. Dann lassen Sie die Musik wieder laufen.

Achten Sie darauf, dass der Parcours einfach gestaltet ist, sodass die Kinder schnell die Matten erreichen können, ohne sich zu verletzen.

Bei diesem Spiel sollen die Kinder das richtige Erkennen der Laute und ihre Aussprache üben.

Feinmotorische Übungen der Hände:
Wie schon in dem Kapitel „Zusammenhang zwischen Sprache und Bewegung" beschrieben, besteht eine direkte Verbindung zwischen der Förderung der Feinmotorik und dem Sprachzentrum. Mit feinmotorischen Übungen fördern Sie also indirekt den Spracherwerb Ihres Kindes.

1. Rhythmisches Zeichnen: Rhythmisches Zeichnen ist eine Kombination aus gemalten Schwungübungen und dem Aufsagen eines Reimes. Lassen Sie Ihr Kind zeichnen und gleichzeitig einen Reim aufsagen. Hierdurch wird die Atmung vertieft und der Redefluss vereinfacht.

Es gibt unterschiedliche Bücher zum rhythmischen Zeichen, in denen die Aufgaben genau beschrieben werden.

2. Fadenmensch
Bei diesem Spiel dürfen die Kinder basteln. Sie sollen die Gesichter ihrer Familienmitglieder auf ein Blatt Papier malen und deren Frisuren

mit Fäden nachstellen. Die Fäden müssen dann mit Kleber auf die Köpfe der gemalten Gesichter geklebt werden.

Danach dürfen die Kinder ihre Familienmitglieder mithilfe des Fadenbildes vorstellen.

Das Basteln mit dem Faden fördert die Feinmotorik der Kinder. Gleichzeitig bietet das „Familienporträt" Anlass zum Sprechen. So wird der Wortschatz des Kindes erweitert und das Kind wird zum Erklären ermutigt.

3. Aschenputtel-Spiel

Bei diesem Spiel darf Ihr Kind das Märchen „Drei Nüsse für Aschenputtel" nachspielen. Hierbei füllen Sie Nudeln, Erbsen und Bohnen in einen Topf. Das Kind darf diese dann, wie in dem Märchen, in unterschiedliche Töpfe einsortieren.

Bei diesem Spiel werden vor allem die Fingerfertigkeit und Geschicklichkeit trainiert.

4. Sammeln von Naturmaterialien

Gehen Sie mit Ihrem Kind spazieren. Sammeln Sie zusammen unterschiedliche Natur-

materialien wie z. B. Nüsse, Eicheln oder Kasta-
nien. Aber auch Muscheln oder Steinchen lassen
sich gut sammeln. Anschließend kann mit dem
Gesammelten auch gebastelt werden.

5. Basteln und Gestalten

Egal, ob es das Stecken von Bügelperlen oder
Malen mit Fingerfarbe ist. Basteln weckt bei den
meisten Kindern große Freude und Spaß. Durch
das Gestalten mit den Händen wird die Feinmotorik fast wie von allein gefördert.

Weitere Bastelideen wären:
-Weben mit einem Web- oder Flechtrahmen
-Perlenketten herstellen
-Sticker aufkleben z. B. in ein Stickerheft
-Basteln mit Mosaiksteinchen.

Herstellung und Verlag:
BoD – Books on Demand, Norderstedt
ISBN: 9783752691016

1. Auflage
Kontakt: Psiana eCom UG/ Berumer Str. 44/ 26844 Jemgum
Covergestaltung: Fenna Larsson
Coverfoto: depositphotos.com